Ce journal appartient à :

Il y a une première fois à tout

Premier ami(e) : _______________________________

Première école : _______________________________

Premier enseignant : _______________________________

Premier bisou : _______________________________

Premier amour : _______________________________

Premier boulot : _______________________________

Premier téléphone : _______________________________

Première voiture : _______________________________

Premier consert : _______________________________

Premièrs vacances à l'étranger : _______________________________

Quelles chansons as-tu complètement mémorisées ?

Quelle compétence aimerais-tu maîtriser ?

Quel site Web visites-tu le plus souvent ?

À quoi ressemblerait ta chambre parfaite ?

Quel titre de film décrit le mieux ta vie ?

Quel genre d'art aimes-tu le plus ?

Qu'est-ce qui vous prend trop de temps ?

Quelle est la meilleure façon de commencer la journée ?

À quel mystère souhaiterais-tu connaître la réponse ?

En quoi ta vie était-elle différente il y a un an ?

Quel est le meilleur jour unique du calendrier ?

Quelles sont les choses que tu as dû désapprendre ?

Quel est ton genre de livre ou de film préféré ?

Où est l'endroit le plus intéressant où tu as été ?

Quelle mode ou tendance espères-tu revenir ?

Dans quelle ville aimerais-tu le plus vivre ?

Quel âge souhaiterais-tu avoir en permanence ?

Quel endroit fictif aimerais-tu le plus visiter ?

Où est l'endroit le plus relaxant que tu aies jamais visité ?

Quelle est l'œuvre d'art la plus intéressante que tu aies vue ?

Qu'est-ce que tu aimes faire à l'ancienne ?

____

____

____

____

____

Quelle émission télévisée ou film populaire refuses-tu de regarder ?

____

____

____

____

____

____

Dans quel travail penses-tu que tu serais vraiment bon(ne) ?

Quelle serait l'aventure la plus incroyable à poursuivre ?

Quelle serait ta façon idéale de passer le week-end ?

Quelle est la meilleure façon dont une personne peut passer son temps ?

Quelle est la chose la plus chanceuse qui vous soit arrivée ?

Quelles sont les petites choses qui améliorent ta journée ?

Qu'attends-tu avec impatience dans les prochains mois ?

Quelle est l'habitude la plus ennuyeuse des autres ?

Dans quel univers de jeu ou de cinéma aimerais-tu le plus vivre ?

Quelle est la chose la plus impressionnante que tu sais faire ?

Quel est le meilleur livre ou la meilleure série que tu aies jamais lu ?

À quelle question aimerais-tu le plus connaître la réponse ?

Pourquoi as-tu décidé de faire le travail que tu fais actuellement ?

Dans quel pays/ville ne veux-tu jamais retourner ?

Où vas-tu habituellement lorsque tu as du temps libre ?

Qu'attends-tu le plus au cours des 10 prochaines années ?

Quelle est la question la plus ennuyante que les gens te posent régulièrement ?

Lorsque les gens viennent te voir pour obtenir de l'aide, avec quoi veulent-ils habituellement de l'aide ?

Que penses-tu que tout le monde devrait faire au moins une fois dans sa vie ?

Qu'as-tu l'intention d'essayer, mais que tu n'y es pas parvenu(e) ?

Si tous les emplois avaient le même salaire et les mêmes heures, quel emploi aimerais-tu avoir ?

____

____

____

____

____

Qui est votre groupe ou artiste préféré quand tu ne peux pas décider de quelque chose à écouter ?

____

____

____

____

Qu'est-ce que la plupart des gens considèrent comme un luxe, mais tu ne penses pas pouvoir t'en passer ?

Qu'est-ce qui obsède une tonne de gens, mais tu ne comprends tout simplement pas ?

Quel divertissement aimerais-tu pouvoir effacer de ton esprit afin de pouvoir le vivre à nouveau pour la première fois ?

Qu'est-ce qui fait une bonne vie ?

Quels risques méritent d'être pris ?

Qui t'inspire à être meilleur(e) ?

De quoi as-tu des doutes ?

Quand te sens-tu vraiment « vivant » ?

Quel serait ton animal spirituel ?

____

____

____

____

Quel serait le monstre le plus effrayant que tu pourrais imaginer ?

____

____

____

____

Quelle est la leçon la plus difficile que tu aies apprise ?

De quoi es-tu gêné(e) ?

Quelle est une ou deux de tes odeurs préférées ?

Quelle a été ta dernière aventure ?

Quel a été le meilleur compliment que tu aies reçu ?

____

____

____

____

____

Quelle rencontre fortuite a changé ta vie pour toujours ?

____

____

____

____

____

Dans quoi es-tu vraiment bon(ne), mais plutôt gêné(e) que tu sois bon(ne) dans ce domaine ?

Qu'est-ce qui te plaît le plus dans ta famille ?

Qu'est-ce que les gens pensent de toi de bizarre ?

Qui est / était ton ami(e) le/a plus intéressant(e) ?

Sur quoi te trompes-tu probablement le plus ?

____

____

____

____

____

Quelle est la chose la plus immature que tu fais ?

____

____

____

____

Quel stéréotype vives-tu complètement ?

De quel accomplissement stupide as-tu le/la plus fier(e) ?

Quel a été le cadeau le plus mémorable que tu aies reçu ?

Qu'est-ce que tu n'arrives jamais à terminer ?

Quelle erreur fais-tu encore et encore ?

Quelle est la meilleure chose que tu aies obtenue de tes parents ?

Quelle est la chose la plus étrange que tu aies rencontrée ?

Quelle est la meilleure et la pire des choses en vieillissant ?

Qu'est-ce que tu es certain de ne jamais expérimenter ?

Quelle tâche difficile travailles-tu ces jours-ci ?

Quelle responsabilité souhaiterais-tu vraiment ne pas avoir ?

Si ton enfance avait une odeur, quelle serait-elle ?

Dans ton groupe d'amis, quel rôle joues-tu ?

De quoi as-tu créé dont tu es le / la plus fier(e) ?

De quoi soupçonnes-tu fortement mais n'as aucune preuve ?

Quels ont été les tournants de ta vie ?

Qu'est-ce qui vous fait peur à chaque fois que tu y penses ?

Quel est le titre du chapitre actuel de ta vie ?

Qu'est-ce qui est horrible que tout le monde devrait essayer au moins une fois ?

Si ta vie était un livre, quel serait son titre ?

En tant que seul humain restant sur Terre, que ferais-tu ?

Quelles statistiques pour votre vie aimerais-tu le plus voir ?

Quelles sont certaines de vos « règles » personnelles que tu ne violes jamais ?

Quel est le meilleur et le pire conseil que tu aies jamais reçu ?

Quelle chanson ou artiste aimes-tu mais admettez-vous rarement à aimer ?

____

____

____

____

____

Qu'est-ce qui t'agaces le plus dans les groupes dont vous faites partie ?

____

____

____

____

____

Quel petit geste d'un étranger t'a marqué ?

Que regrettes-tu de ne pas avoir fait ou commencé quand tu étais plus jeune ?

Quelle est la chose la plus stupide que tu aies faite qui se soit plutôt bien passée ?

Quand les gens vous regardent, que penses-tu qu'ils voient / pensent ?

Quelle question peux-tu poser pour en savoir le plus sur une personne ?

En vieillissant, de quoi as-tu de plus en plus peur ?

Quel changement de style de vie envisages-tu de faire depuis un certain temps maintenant ?

Quel trait de personnalité apprécies-tu le plus et lequel détestes-tu le plus ?

À quand remonte la dernière fois que tu as changé ton opinion / croyance sur quelque chose de majeur ?

Que ferais-tu si tu savais que tu ailles mourir en un jour ?

Quels sont les événements de ta vie qui ont fait de vous qui tu es ?

Si la vie est un jeu comme certains le disent, quelles sont les règles ?

Que pourrais-tu faire avec deux millions d'Euros pour toucher le plus de monde possible ?

Si tu pouvais établir une règle que tout le monde devait suivre, quelle règle établirais-tu ?

Que s'est-il passé ou que quelqu'un a dit qui a changé ta façon de voir le monde ?

Si tu étais placé en isolement cellulaire pendant six mois,
que ferais-tu pour rester sain d'esprit ?

Si tu pouvais avoir une vidéo d'un événement de ta vie, quel événement choisirais-tu ?

Quelles sont les trois principales choses que tu veux accomplir avant de mourir ? Es-tu près de les accomplir ?

Si tu pouvais convaincre tout le monde dans le monde de faire une chose à un moment donné, quelle serait-elle ?

Si tu avais une horloge qui décompte un événement de ton choix, à quel événement voudrais-tu qu'elle décompte ?

Que souhaiterais-tu pouvoir vous dire il y a 10 ans ?
Que penses-tu que tu voudras dire à toi-même dans 10 ans ?

As-tu déjà sauvé la vie de quelqu'un ?

À quoi es-tu addict ?

Quel mensonge dis-tu le plus souvent ?

Que regrettes-tu de ne pas avoir fait ?

Qu'est-ce qui donne un sens à ta vie ?

De quoi es-tu le moins sûr ?

Quels ponts ne regrettes-tu pas de brûler ?

Quelle est la chose la plus illégale que tu aies faite ?

Comment gênes-tu votre propre succès ?

Quelle est la réalisation de soi la plus surprenante que tu aies eue ?

Comment espères-tu changer en tant que personne à l'avenir ?

Quelle chose as-tu fait que souhaiterais-tu vraiment pouvoir revenir en arrière et annuler ?

www.ingramcontent.com/pod-product-compliance
Lightning Source LLC
Chambersburg PA
CBHW061327120726

48001CB00002B/736